DONAR PUEDE DAÑAR

VAMOS POR LA AUTOSUFICIENCIA

DEAN H. CURTIS

DONAR CON MAYOR EFECTO

Creo en donar. Dar a las escuelas e iglesias puede crear esperanza, aumentar el conocimiento, proveer oportunidades y aliviar la pobreza. Los desastres naturales ocurren. Nuestras donaciones ayudan a otros a volver a ponerse de pie.

Pero dar también puede ***perjudicar*** las posibilidades de la gente de superar la pobreza a largo plazo.

Frederick es uno de los cientos de miles de desempleados en Zimbabue. Terminó la secundaria. Está cerca de los 30 años, es tímido y carece de confianza y visión. Él y sus amigos se juntan en la calle y juegan videojuegos cuando tienen dinero extra.

No busca trabajo o emprende un negocio porque puede sobrevivir de lo que le dan y en su mente no tiene ninguna esperanza de cambiar. Pide dinero en el mercado y en su iglesia.

Sofía de Colombia es una de las millones de personas que compran y venden en la calle para sobrevivir. No completó la escuela primaria y ahora está por cumplir los 60 años.

Vende fruta. Su casa está llena de pulpa de fruta que ha sido congelada y puesta en bolsas de plástico. Se ha incorporado a un grupo de Maestría de Negocios en la calle (MBS, por sus siglas en inglés) y está aprendiendo por primera vez a mantener registros, crecer y formalizar su negocio.

Frederick y Sofía proveen para sí mismos. Uno pide limosnas mientras que el otro trabaja para llegar a ser autosuficiente.

Darle a alguien para satisfacer una necesidad inmediata es sencillo. Vemos a alguien necesitado y damos. Nos sentimos bien y ellos sienten alivio a corto plazo.

Dar con el fin de ayudar a una persona a ser autosuficiente es mucho más difícil. La esperanza, la motivación, el conocimiento y el apoyo son necesarios para las personas que intentan crear sus propios ingresos o encontrar empleo.

Este libro está escrito para dos grupos de personas: aquellos que quieren dar dinero o tienen medios para ayudar a la gente a ayudarse a sí mismos, y aquellos que quieren dar de su tiempo para trabajar directamente con otros que están tratando de llegar a ser autosuficientes.

Miles de personas en todo el mundo se están haciendo más autosuficientes debido a las sabias contribuciones de tiempo y dinero de personas como tú.

Bienvenidos a una nueva forma de donar.

Donar por la autosuficiencia.

A Julie Curtis

Por criar a nuestros nueve hijos y cuidar a mi anciana madre mientras visito países en vías de desarrollo alrededor del mundo. Has hecho que este libro sea posible.

Foto de portada de Dean Curtis

CONTENIDO

¿POR QUÉ DAMOS?

Una mujer con los labios partidos y sin mucha expresión en su rostro, se me acercó una noche nevada durante la temporada navideña. Era obvio que tenía frío y no tenía un lugar donde vivir, y me estaba pidiendo dinero. Estaba justo afuera de la manzana del templo, en la ciudad de Salt Lake City, Utah, en Estados Unidos donde se encuentra el templo más conocido de la Iglesia de Jesucristo de los Santos de los Últimos Días y donde suele haber alguien que busca limosna.

"Le debo dar algo", pensé. ¿Por qué? ¿Era culpa porque tenía dinero y un hogar, y ella no? ¿Fue una inspiración espiritual debido a las festividades o el lugar donde estaba? ¿Fue por disgusto porque me estaba molestando y yo tenía mucho frío y quería irme a mi auto? No pude describir exactamente por qué, pero algo me dijo que necesitaba ayudar, dar.

Sentí que tenía que hacer algo más que solo darle un poco. La llevé a un hotel barato donde pagué la noche y le di dinero para comer. La había salvado del frío y ya tenía comida.

Al conducir a mi casa escuchando la música navideña y dándome cuenta de las luces navideñas, todavía no sabía si me sentía feliz o aliviado o tal vez hasta un poco molesto.

Me olvidé.

Me mudé del área, sin embargo, seis años después volví a la manzana del templo. Otra vez alguien se me acercó para pedirme limosna. Al mirar de cerca me di cuenta de que era la misma mujer de hace seis años. Estaba un poco más vieja. Era verano, pero ella todavía no tenía un hogar, todavía tenía hambre y seguía pidiendo limosna.

Esta vez reconocí mis sentimientos. Me sentí frustrado por dar tanto dinero y tiempo hace unos años. Me sentí enojado con ella por no cambiar su vida. Me molestó que cientos de personas como yo le diéramos dinero durante estos seis años, pensando en que quizá habría un cambio en su vida. Me sentí confundido sobre qué hacer en ese momento y también en el futuro cuando alguien me pidiera dar de nuevo.

Hace seis años había aliviado el sufrimiento a corto plazo por una noche, pero no resolví la pobreza a largo plazo. No le había ayudado a la mujer a llegar a ser más autosuficiente. De alguna manera yo, y cientos de otras personas, habíamos hecho que ella no tuviera que hacer un cambio ni buscar la ayuda a largo plazo. ¿Había ayudado por una noche y lastimado a su futuro en el proceso?

¿CÓMO PODEMOS DAR PARA AYUDAR A LA AUTOSUFICIENCIA A LARGO PLAZO?

Tengo dos colegas conocidos, Rocío "Chio" Lizano y Jay Bosshardt, quienes me han ayudado a desarrollar una mejor filosofía para causar un mayor efecto.

Chio está casada con un contador próspero en Quito, Ecuador. Ella cría a cuatro hijos, cuida a sus dos perros, participa en la liga de futbol de su hija y ayuda a cientos de personas a llegar a ser más autosuficiente como embajadora de éxito.

La vi trabajando en las montañas de Quito. Chio saludó alegremente a los ocho participantes que asistían a su grupo de autosuficiencia. No importaba si algunos leían lento, si algunos no podían leer y si algunos tenían impedimentos físicos. Estaban ahí con sus cuidadores para aprender cómo podían llegar a ser más autosuficientes y empezar o mejorar sus propias microempresas. No estaban ahí para pedir limosna.

Ella ha formado grupos parecidos antes. Estos grupos de 10 a 20 personas se reúnen a menudo para aprender conceptos de negocios, apoyar y darse ánimo el uno al otro, y mejorar sus ingresos, casas y comunidades. A veces estos grupos están patrocinados por agencias gubernamentales, instituciones de microfinanzas o iglesias. A veces solo es un grupo de vecinos. Ahora está trabajando con la policía nacional de Quito y sus esposos para que las familias tengan un retiro más sostenible algún día y la policía no sea tan susceptible a aceptar los sobornos.

Jay Bosshardt fue propietario orgulloso de una mina de sal. Al crecer en la parte central de Utah en Estados Unidos, su papá se dio cuenta de que su granja tenía una formación geológica debajo de sus campos de heno que contenía grandes cantidades de sal.

La familia desarrollaba la mina y Jay trabajó ahí la mayoría de su vida ayudando a convertirla en un negocio exitoso que vendiera su única marca de sal por todo el mundo.

Cuando la familia vendió la mina, Jay tenía dinero y el deseo de ayudar a los demás, particularmente en los países en vías de desarrollo. Visitó organizaciones sin fines de lucro y fue a varias expediciones humanitarias. Sin embargo, cuando ayudó a construir otra escuela o visitó otro orfanato, se preguntó cómo estas personas tan buenas llegarían a ser autosuficientes y no siempre depender de la ayuda y las donaciones de otras personas.

Jay quería que sus regalos cambiaran la manera en que la gente que ayudó *pensaba* sobre la pobreza y la autosuficiencia. ¿Cómo podría animarlos a ser más autosuficientes y no solo depender de las donaciones? Siguió buscando hasta que encontró un enfoque para donar que se centraba en la autosuficiencia.

Viajó a Sudamérica y vio por sí mismo que los ecuatorianos y colombianos locales podrían ayudarse el uno al otro al crear microempresas y llegar a ser más autosuficientes por medio de los grupos. Aprendió que los grupos locales en todo el mundo estaban ayudando a las personas a crear planes de acción sobre el negocio, la casa y la comunidad. No necesitaban a los visitantes del norte para resolver sus problemas.

Algunas de sus donaciones ahora se dirigen a encontrar, entrenar y apoyar a los embajadores locales de éxito en todo el mundo, quienes organizan y facilitan a los grupos de la autosuficiencia. En estos grupos, las personas se enseñan y se apoyan el uno al otro a fin de aumentar sus ingresos, mejorar sus hogares y servir a sus comunidades. Ahora él da una parte de su dinero a la autosuficiencia.

El ayudar a los demás a llegar a ser autosuficientes no es fácil. El acto de dar puede desanimar la autosuficiencia si no se hace correctamente. A veces dar ayuda, pero a veces puede dañar. Este libro le ayudará reconocer la diferencia.

NUESTRA HISTORIA: ¿CÓMO LA DEVOLVEMOS?

En nuestra familia, cuando nos juntamos a cenar para el Día de Acción de Gracias a menudo intercambiamos ideas, de forma amistosa, de cómo eliminar la pobreza mundial.

"La única manera de reducir la pobreza en países extranjeros es por medio del desarrollo de negocios". Afirmé. "La salud, los derechos humanos y la alfabetización son buenos, pero si no hay dinero ni negocios, todavía habrá pobreza".

Mi hermano no estuvo de acuerdo. "Negocio significa fines de lucro. Una sociedad no puede avanzar si todos están pensando en el dinero". Él respondió. "El desarrollo social es la única manera de reducir la pobreza a largo plazo".

"Canta Cumbayá todo lo que quieras", respondí. "Se puede tener todo el desarrollo social del mundo, pero últimamente la gente necesita ingresos. Eso significa negocio".

Ya había decidido que el desarrollo comercial era la única manera de reducir la pobreza en el mundo. Mi hermano mayor, Lynn, había decidido que seguramente el desarrollo internacional caritativo era la mejor esperanza del mundo para terminar con la disparidad y la pobreza económica.

EL NEGOCIO Y YO

En Palos Verdes, California, tienen brownies muy buenos. El que me comí el 15 de Julio de 2000 a las 11:30 de la mañana, probablemente fue el mejor que he probado en mi vida. Fue la primera compra que hice como millonario.

Ese mismo día, en los alrededores de la lujosa oficina del Centro de Comercio Mundial de Long Beach, terminé un proceso de negociación de dos años al firmar los papeles traspasando la propiedad de mi empresa de quince años, Curtis and Associates, Inc., a AFSA (por sus siglas en inglés), una empresa del Banco Fleet Boston.

Curtis and Associates, Inc., una empresa consultora que creció y alcanzó a tener más de quinientos empleados, trabajaba con el Departamento de Servicios Sociales por todo el país para encontrarle trabajo a los que recibían bienestar del gobierno.

Creamos centros de recursos para el empleo. Con un currículo motivante, entrenamos beneficiarios de la ayuda social para encontrar trabajo y proporcionamos computadores, teléfonos, máquinas de fax y un ambiente de apoyo para ayudarlos a tener éxito. En muchos de nuestros contratos nos pagaron solo si la persona encontraba un trabajo. Durante los quince años de negocio, vimos a miles de personas resolver sus propios problemas de pobreza al encontrar y mantener un trabajo.

Pero llegó el momento donde tuvimos que vender el negocio. Después de dos años de negociación y trabajo, completamos la complicada venta.

En un abrir y cerrar de ojos, de repente tenía millones de dólares en efectivo y más de tres millones en un fondo de caridad que podía donar a la causa que quisiera.

Dos años después, completé mi contrato de empleo con AFSA, y en enero de 2002, de repente me encontré completamente libre de obligaciones de trabajo y con acceso a millones de dólares.

Entonces, ¿qué harías tú?

La mayoría de las personas dirían: "¡Lo que quiera!"

Eso es exactamente lo que hice. Por algunas semanas me tomé más del tiempo normal en bañarme, leí el periódico de principio a fin cada mañana e intenté no molestar a mi esposa. Me relajé.

Y entonces me pregunté: "¿y ahora qué?".

Volví a pensar en algunos ideales que tenía. En Julio de 2002, después de mudarme más cerca de mi familia en Layton, Utah, llevé a tres de mis cuatro hijos (El cuarto era demasiado pequeño) conmigo para viajar por un mes en bicicleta de Canadá a México. El acampar, pasar el tiempo con mis hijos y el disfrutar la hermosa costa del Pacífico fue un sueño de padre hecho realidad.

Regresé bronceado como agricultor, con músculos más fuertes en las piernas y hermosos recuerdos de mi familia. De pronto me pregunté de nuevo: "¿y ahora qué?".

Dentro de algunos meses, esa pregunta me fue contestada cuando recibí una invitación de mi iglesia para servir junto con mi familia en las congregaciones locales de Tampico, México, durante tres años.

La pregunta de "¿y ahora qué?" fue contestada temporalmente. Durante los próximos tres años, mi esposa y yo, tuvimos la sublime experiencia de dedicar nuestras vidas al servicio de Dios y de nuestros semejantes en México. El vivir en un país en vías de desarrollo me proporcionó experiencias poderosas que me ayudaron a formar una filosofía de lo que debía y no debía hacer para reducir la pobreza.

Me acuerdo que en una ocasión un hombre, de los Estados Unidos, me llamó queriendo regalar paquetes higiénicos que tenían pasta de dientes, champús, jabones y paños. Me puse en contacto con un líder de una iglesia local de San Felipe y le pregunté si a algunos de sus miembros les gustarían algunos paquetes higiénicos.

Me acuerdo que se rascó la cabeza y se preguntó por qué una persona querría darle a él y a su congregación cepillos de dientes y jabones. Al final estuvo de acuerdo y decidió distribuir los paquetes cuando los trajera la próxima vez que estuviera en el pueblo.

Desempacamos los paquetes y los pusimos en su oficina, y luego me preguntó, un poco confundido, "¿Por qué las personas nos quieren donar pasta de dientes y jabones? ¿Piensan que no tenemos jabón? ¿O piensan que no sabemos usar un cepillo de dientes?".

Le aseguré que las personas sólo querían ser amistosas, pero de verdad parecía ser un problema más que una solución.

Cosas así pasaban a menudo. Personas con buenas intenciones traían suministros a las áreas que no necesitaban o pedían suministros. Por supuesto, las personas tomaban las "cosas" que eran gratis, pero a menudo se preguntaban por qué las personas donaban cosas tan tontas. Algunas de estas familias y pueblos pequeños llegaron a depender de los suministros regulares que venían de las familias "serviciales" extranjeras.

Una pareja generosa envió computadores usados y suministros a un pueblo pequeño en las montañas de México. Le dieron los computadores a una familia de la pequeña congregación de la iglesia. Otras familias de la congregación se pusieron celosas y la llegada de los computadores y suministros del norte causó una gran división en el pequeño grupo y al fin varias familias dejaron de asistir a la iglesia.

En México, por primera vez vi la pobreza desde una nueva perspectiva. Estaba conviviendo y trabajando con algunas personas que vivía en casas de cartón con techos plásticos. A pesar de eso, eran felices, inteligentes y contribuían a la comunidad. Llegué a conocer personalmente a muchas personas que anteriormente sólo pensaba y veía como "mexicanos pobres".

Ahora conocía a Francisco, a su esposa y a sus tres hijos por sus nombres. Él y su familia, y otros como él, tienen talentos, sueños e ideas de cómo mejorar sus propias vidas. Muchas necesitaban ayuda y formación, pero no necesitaban limosnas. Cuando se organizaban y se empoderaban con ideas y conocimiento, podían resolver sus propios desafíos locales y de la comunidad.

El conocer a las personas de un país en vías de desarrollo cambió la perspectiva que tenía de la pobreza. Después de regresar de México, empecé a preguntarme de nuevo, "Entonces, ¿qué puedo hacer?", pero sabía que la respuesta tenía que ver con algo más que sólo regalar "cosas". Decidí que la solución para la pobreza en naciones en vías de desarrollo era el negocio.

MI HERMANO Y EL DESARROLLO COMUNITARIO CARITATIVO

Lynn tiene tres años más que yo y cuenta historias exóticas. Él puede. Ha visitado más de sesenta y cinco países en su carrera de desarrollo internacional. Al graduarse de la Universidad de Brigham Young en 1977, se mudó a Syracuse, Nueva York y empezó a trabajar para el Laubach Literacy. Ahí empezó una carrera que lo llevó a implementar la lectura y programas del alfabetismo funcional por todo el mundo.

Ocho años antes de mudarse a Nueva York, había servido en Taiwán y Hong Kong para su iglesia. Vio pobreza extrema. En una ocasión, mientras caminaba por una acera llena de gente en una zona humilde de Hong Kong, chocó con una caja de cartón al lado de un edificio. La presión de la multitud hizo imposible evitar la caja y al pasar por ella, pudo echar un vistazo. Vio a una madre joven, agachada en la caja de cartón, intentando consolar a un pequeño bebé. La madre miró hacia arriba y Lynn vio que tenía sangre en su cara. Sus ojos parecían decir: "Por favor, ayuda. No tengo nada y no sé a dónde puedo ir".

La multitud lo empujó hacia adelante, pero le quedó grabada en su mente la imagen de la madre. Siguió caminando y la caja de cartón fue desapareciendo en la multitud. Pero en ese momento, su vida cambió. Conscientemente, decidió que tenía que trabajar en el sector sin fines de lucro, ayudando a aliviar la pobreza.

Laubach Literacy fue una plataforma de lanzamiento perfecta para su futura carrera. Al completar su doctorado en la Universidad de Syracuse en la formación de adultos, Lynn diseñó un enfoque de enseñanza en alfabetización en adultos que involucraba el trabajar con las personas a un nivel local en los países en vías de desarrollo para que pudieran obtener el alfabetismo funcional. Él se refiere a este modelo de enseñanza como FAMA (por sus siglas en inglés); un acrónimo que significa Hechos, Asociación, Significado y Acción. Con esta metodología de enseñanza, trabajó con grupos de todo el mundo para motivarlos a que desarrollaran sus propias soluciones.

Descubrió que los adultos quieren resolver sus propios problemas, su salud y sus ingresos. Sus problemas domésticos eran más importantes que el sentarse en un salón a aprender a leer. Si las personas identificaban un problema personal y luego veían que el aprender a leer podía ayudarlos a resolver el problema, entonces se motivaban a aprender a leer. Lynn no tuvo éxito cuando entró y dijo: "Aquí hay clases de alfabetización". Pocos adultos asistieron.

Al pasar los años, experimentó muchas vivencias al perfeccionar su modelo de enseñanza único de automotivación. El robo a punta de pistola, la malaria en Uganda y la prisión en

Panamá por organizar gente, fueron todos parte del proceso de aprendizaje de Lynn. Esto llevó a entender la motivación del aprendiz como una parte integral del desarrollo internacional.

Durante muchas reuniones de familia, discutíamos sobre la pobreza y cómo superarla. Lynn siempre se enfocaba en el desarrollo de la comunidad y yo me enfocaba en los negocios. Para mí, sin trabajo o sin una forma productiva de ingresos, las personas nunca podrían salir de la pobreza. La economía de las naciones y el establecimiento de negocios es la manera en que se reduce la pobreza en el mundo.

"No", él respondió. "El negocio se enfoca en el lucro. Una motivación económica causa explotación. Si no podemos enseñarles a leer y resolver sus propios problemas, entonces la pobreza nunca se resolverá".

"Pueden leer todo lo que quieran", respondí. "Uno de los problemas locales más grandes es que no hay trabajo. Eso quiere decir que no importa si leen bien--todavía no tienen dinero para comer. Continuarán viviendo en cajas de cartón si no hay maneras viables de ingresos. Alguien tiene que crear los trabajos o seguirá habiendo pobreza".

Entonces, el Día de Acción de Gracias se convirtió en un intercambio amistoso sobre cómo resolver la pobreza en el mundo, con el negocio por un lado y la caridad por el otro. Ambos estábamos atacando a la pobreza. En Estados Unidos, yo estaba creando trabajos y ayudando a los que necesitaban ayuda social a encontrar trabajo. Internacionalmente, Lynn estaba ayudando a las personas a leer y establecer grupos locales para resolver problemas en el vecindario. Estábamos lentamente desarrollando una manera de ayudar a las personas a que fueran autosuficientes.

No sólo quería donar dinero ni tiempo a las muchas organizaciones que ayudaban a los pobres. Ya había visto que, a menudo, el donar en realidad podía jugar en contra de la idea de ayudar a otros a ser autosuficiente. Quería encontrar algo que no dañara.

Al trabajar juntos, mi hermano y yo, establecimos una organización sin fines de lucro para ayudar a las personas a que fueran autosuficientes. La nombramos Interweave Solutions.

DONAR PUEDE DAÑAR

Cuando era joven, solía pensar que donar no dañaba a nadie. Pero si seguimos el refrán "dar hasta que duela", no tendremos que dar por mucho tiempo. Donar puede dañar. Puede convertir al donador en arrogante y convertir al que recibe en dependiente. También, puede destruir el trabajo.

ARROGANCIA

Cuando tenía 17 años, mi proyecto con los Boy Scouts de America, para obtener el premio de Eagle, fue una campaña de ropa y juguetes para un pueblo pobre en México. Motivé a mis amigos, en la Escuela Secundaria South Torrance de California, a traer ropa usada y juguetes. Cargué las donaciones en la parte de atrás de un camión, y mi amigo y yo, cruzamos el borde hacia un pueblo por el sur de Tijuana.

No conocíamos realmente a nadie en el pueblo. Solo conducimos por un camino de tierra viejo hasta la plaza mayor y estacionamos el camión. El pueblo era muy caloroso, sucio y pobre comparado a mi estándar de vida.

Donar cosas para mi proyecto de Eagle Scout (1970)

Pensamos: "¿Cómo donamos estas cosas?" La gente obviamente es pobre y podrían usar lo que tenemos. "¿Qué hacemos ahora?"

Hasta este momento, éramos una curiosidad en el pequeño pueblo. La gente empezó a juntarse alrededor del camión y preguntarse porqué estábamos ahí. Al final, nos subimos atrás del camión, nos miramos y dijimos: "Vamos a empezar". Empezamos a repartir las donaciones. Poco después, otros pobladores vieron que había cosas gratis y corrieron hacia el camión. Rápidamente, estábamos rodeados de gente pidiendo cualquiera cosa que fuera gratis.

Mientras la multitud aumentó, no sabíamos qué hacer, así que solo empezamos a tirar las donaciones fuera del camión y la gente las atrapaba. Fue una locura por unos momentos. Todos tomaron algo gratis y después se terminó. Había unos chicos mirando algunos guantes de béisbol con confusión, así que

Beisbol con los niños del pueblo de México (1970)

salimos del camión, les ayudamos a usarlos, jugamos beisbol por unas horas y después nos fuimos a casa.

Desde una perspectiva básica, nos deberían haber felicitado como jóvenes que vieron la pobreza y actuaron. En este caso, no teníamos ninguna idea de si había un vendedor de ropa usada en el pueblo a quien le quitamos el trabajo al inundar el mercado con ropa usada. No sabíamos si tal vez alguien estaba aprendiendo a ser una costurera y frustramos su motivación porque la ropa gratis vino de un donante ignorante. ¿Por qué aprender una destreza cuando las cosas aparecen solas?

Nuestras buenas intenciones podrían haber sido un daño económicamente. Sin embargo, no sabía eso cuando era adolescente. Lo que sí sabía es que yo tenía y ellos no. Yo di y ellos recibieron. Asumí en mi mente que esta gente tenía necesidad y me sentí bien cuando doné.

Volví a casa con fotos e historias de la pobreza y de mi generosidad. Recibí mi premio de Eagle Scout. Pero no aprendí sobre las personas. Solamente aprendí que me siento importante cuando dono.

Con frecuencia, estamos expuestos a fotos de niños sucios viviendo en chozas en países en vías de desarrollo por parte de una organización que está pidiendo dinero. Nos sentimos conmovidos por las fotos y muchas veces motivados a donar. Escribimos un cheque y nos sentimos bien por haber ayudado a resolver la pobreza.

Ellos necesitan; nosotros damos. Ellos son débiles; nosotros somos fuertes. Ellos están empobrecidos; nosotros no lo estamos. Sea lo que sea que donemos, ellos están agradecidos.

Después de vivir tres años con la maravillosa gente de México, solo puedo imaginar lo que la gente de ese pueblo debió haber pensado después de nuestra distribución desorganizada: "Esos gringos locos. Vienen, dejan muchas donaciones y se van".

"Si quieren regalar cosas, las tomaremos", imaginé que otros decían. "Pero no tengo idea porqué. ¿Piensan que no tenemos ropa?"

Sé lo que pensé. "¡Pobres mexicanos! Necesitan que vengamos y le resolvamos sus problemas".

Vivir en México cuatro décadas después, me ayudó a ver las cosas desde la perspectiva de los mexicanos. Están dispuestos a recibir donaciones, pero eso no resuelve los problemas a largo plazo y puede dañar aún más.

Es una realidad mundial. Como dice la revista de negocio peruana "Caretas": "Perú no necesita ayuda, necesita compañeros".

Para mí, la lección fue sencilla. Ayudar a la gente a identificar y a resolver sus propios problemas. Cuando intentamos resolver un problema a nuestra propia manera y de nuestra propia perspectiva norteamericana, muchas veces solo llenamos nuestra propia arrogancia.

Pero también podemos hacer daño de verdad.

DEPENDENCIA

¿Qué habría pasado si en mi proyecto de Eagle Scout, hubiéramos prometido volver cada seis meses con otro lote de ropa? ¿Qué si esta no era una visita de una sola vez? ¿Y si nos hubiéramos comprometido a ese pueblo?

Eso habría sido peor.

He visto a pueblos volverse dependientes de donadores para encontrar un maestro para la escuela, arreglar la bomba de agua, proveer los materiales escolares y resolver los problemas.

Casi todos nosotros hemos visto a pobladores volverse dependientes de programas del gobierno, a personas dependiendo de la ayuda de la iglesia y a pueblos enteros dependiendo de organizaciones sin fines de lucro. En vez de resolver sus propios problemas, esperan ver lo que el gobierno, iglesia u organizaciónes ONG van a hacer.

Es parte de la naturaleza humana el aceptar ayuda. Si la ayuda viene sin precio ni esfuerzo, y viene a menudo, entonces podemos llegar a ser dependientes de ello con facilidad. Una vez que la dependencia ocurre, la actitud del "tengo derecho a" pronto seguirá.

> *Merezco la ayuda. Soy realmente pobre.*

> *Si fueras realmente cristiano, ayudarías más. ¿No sabes que no puedo vivir de lo que me das?*

> *¿Por qué no nos ayudas como lo hacen en otros pueblos? Nosotros tenemos que mostrar que somos pobres si queremos recibir dinero o ayuda de otros.*

Recuerdo haber hecho un taller de autosuficiencia en Mozambique. Le pedí a todos en el grupo vestirse bien para una búsqueda de empleo el día siguiente. Uno de los hombres llegó con ropa sucia y rasgada. No se había afeitado y tenía a su niño pequeño.

Estaba confundido y no entendía por qué se veía tan pobre. Él me explicó: "Pensé que íbamos a buscar empleo hoy. Quiero que los empleados sepan que soy pobre y que de verdad necesito un trabajo. Espero que tengan piedad de mí".

Cuando la gente siente que no tiene poder, espera que otros les resuelvan el problema. Tal vez darles comida, ropa o trabajo. En vez de pensar cómo pueden mejorar su situación, nuestras ignorantes donaciones les enseñan a pensar cómo pueden hacer que otros le proporcionen una solución a corto plazo.

Generosidad sin principios de autosuficiencia puede causar dependencia y también destruir oportunidades.

DESTRUIR EL TRABAJO Y LA ECONOMÍA LOCAL

Desde mi experiencia viviendo en México, he trabajado con cientos de micro negocios en países en vías de desarrollo. De ropa usada a gafas para leer, de tortillas a plátanos, a cada negocio le cuesta empezar y tener clientes. También he visto la destrucción de negocios por causa de las organizaciones de caridad.

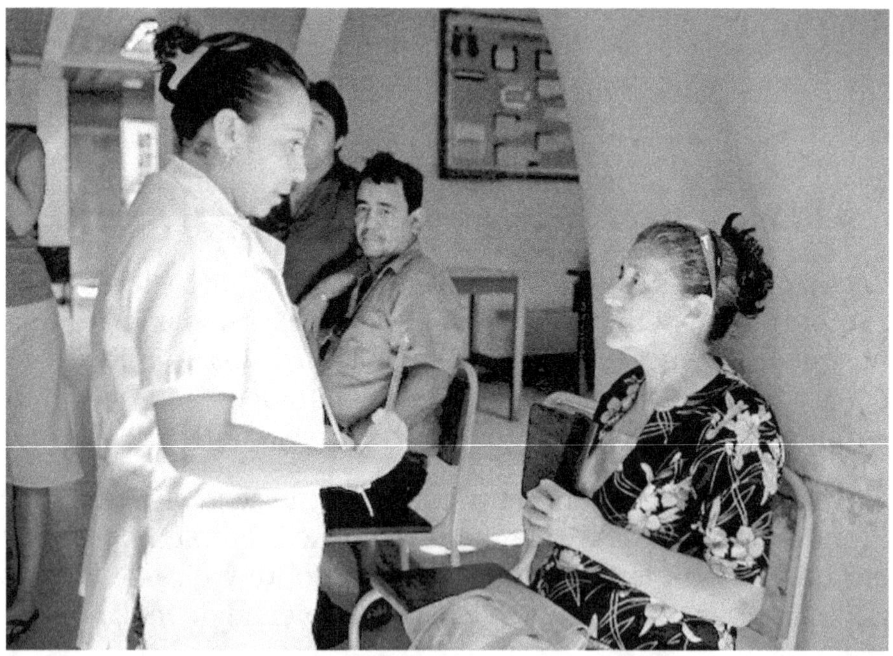

Mujeres de Nicaragua regalando un examen a la vista mientras venden gafas

Estuve trabajando con un grupo de mujeres en Nicaragua, quienes habían establecido un negocio pequeño para vender gafas para leer. Ayudaban a los clientes a escoger el nivel de aumento en sus gafas y les enseñaron sobre presbicia, una condición en la cual el lente del ojo pierde la habilidad para enfocar haciendo muy difícil ver objetos de cerca. Con el tiempo, afecta a todos según la A.D.A.M. (por sus siglas en inglés) enciclopedia médica. La mayoría de las personas lo notan cuando empiezan a querer tener brazos más largos para alejar lo que están leyendo y así poder ver mejor, y suele pasar entre los cuarenta y cincuenta años. Es simplemente un problema que se resuelve con un par de gafas baratas.

Pero, si no sabes lo que es presbicia, podrías pensar que algo malo les pasa a tus ojos y que necesitas un examen profesional a la vista y una receta cara para obtener gafas. En países en vías de desarrollo, esto significa que mucha gente abandona la lectura o sus manos para realizar trabajos que requieren pequeños detalles como coser o reparar motores porque ya no pueden enfocar y no tienen el dinero para comprar gafas caras.

Estos emprendedores de gafas ofrecieron un servicio importante, educación y un medio barato para obtener gafas para leer. Todo iba bien hasta que un donante de un país más desarrollado decidió ayudar a la comunidad y regalar tres mil pares de gafas. El día que se regalaron, el pueblo entero llegó y miles se fueron con gafas para leer gratis.

Los emprendedores de este pequeño negocio de repente ya no tenían a quién vender. Nadie quería comprar lo que es gratis. Sin clientes y desanimados, los emprendedores dejaron de vender las gafas y terminaron su negocio. Pero algunos meses después, con nuevas personas con problemas a la vista, gafas rotas y la necesidad de más educación, el pueblo ya no tenía recursos para obtener educación sobre la vista y tampoco para gafas para leer. Lo que pareció ser un acto generoso meses atrás, destruyó trabajos y dejó la a comunidad peor que antes.

En el Wall Street Journal, el 9 de marzo de 2009, Dambisa Moyo se quejó de como la ayuda de otros había mantenido la pobreza en África y dio un ejemplo similar con los mosquiteros. Cuando se regalan los mosquiteros, el mercado y los trabajos se destruyen. Más tarde, cuando la gente necesita más, no tienen otro recurso más que pedir más mosquiteros de una agencia externa. Él explica que le pasa lo mismo a nivel nacional. Cuando los países reciben donaciones enormes de ropa usada, gafas, atención médica, etc. sin el entrenamiento comercial y técnico apropiado, la ayuda extranjera, de hecho, destruye el mercado local y crea desempleo debido a que los suministros y servicios gratis compiten contra los proveedores locales.

He aprendido que, si no tenemos cuidado, donar puede causar arrogancia y dependencia. También puede destruir trabajos.

Sin embargo, los negocios y las donaciones pueden trabajar juntos. De hecho, ellos deberían estar entrelazados para realmente ayudar a la pobreza. Con los métodos correctos, de verdad podemos donar con mayor efecto.

DONAR CON MAYOR EFECTO

Pienso que todos queremos ayudar a resolver la pobreza e injusticia del mundo, pero no sabemos cómo hacerlo. ¿Cuándo tenemos que dar? ¿El dinero ayudará?

Todos los días, tenemos oportunidades para dar. Muchas organizaciones ofrecen alimentos, comida, agua limpia, edificios escolares o ayuda para catástrofes. También, los amigos que siempre parecen tener problemas a veces nos piden ayuda. Estas organizaciones caritativas son valiosas y deberían ser apoyadas, y estos amigos pueden de verdad necesitar ayuda, pero siempre debemos recordad la importancia de la autosuficiencia.

Para determinar si tu ayuda o donación estimulará la autosuficiencia, puedes hacerte dos preguntas importantes:

1. *¿Donar ayuda a generar algún tipo de ingreso?*

2. *¿Se le pide al beneficiario de la donación (si es posible) trabajar, contribuir o comprar algo para recibir el servicio?*

¿Tú o la organización a la que quieres donar alienta la generación de ingresos?

Los desastres ocurren. Nuestras donaciones monetarias y nuestro tiempo para ayudar a las víctimas de los huracanes y terremotos son vitales. Por favor, sean generosos cuando hay obvias necesidades de corto plazo que se necesita alcanzar.

Sin embargo, tengan cuidado con las beneficencias que dan regalos después de que las necesidades a corto plazo han sido alcanzadas. Aunque proveen mucho alivio inmediato pueden tener un efecto disruptivo a largo plazo en la generación de ingresos.

Sean gafas de lectura, mosquiteros o ropa usada, si una organización o persona con buenas intenciones ofrece productos o servicios sin pensar en cómo ganará el beneficiario sus ingresos en el futuro, eso creará un problema de autosuficiencia a largo plazo.

Recuerdo que hablé con una costurera en El Salvador que tenía treinta años. Estaba tratando de comenzar una nueva empresa que no tenía nada que ver con el coser porque dijo que no podría competir con la inundación de ropa usada que había en el mercado. La caridad había destruido su negocio.

Los doctores a menudo ofrecen sus servicios gratuitos. Van a un pueblo y realizan operaciones que salvan vidas. Sin embargo, tienen que pensar sobre el componente de la generación de ingresos después de que se van.

En un área pobre de Port-au-Prince, una ONG europea fue y ofreció sus servicios médicos gratis por casi un año. Toda la gente se animó por la alta calidad de cuidado de los europeos. Ninguno de los doctores de la región pudo competir contra el servicio gratuito ofrecido, entonces dejaron esa sección de la ciudad. Después de un año, los europeos se retiraron de Haití. El área quedó sin cuidado de la salud regional y la gente del vecindario estuvo a merced del gobierno o ONG internacionales para solucionar su problema. La caridad había causado dependencia y destruyó la iniciativa local.

El grupo de doctores europeos debería haber tenido un enfoque en el entrenamiento de los doctores de la región, no solo en las practicas médicas, sino en ideas de negocio para proveer estos servicios después de que se fueran. Tal vez podrían haber ayudado a los doctores regionales a asignar los precios de sus servicios, promoverlos y mejorar los procesos locales. Podrían haber trabajado junto con los doctores locales para desarrollar un plan de crecimiento a largo plazo.

Por favor, al donar, busquen organizaciones que contengan un componente que genere ingresos. ¿Hay entrenamiento para los negocios más pequeños? ¿Hay un fondo de microcrédito? ¿Hay liderazgo en el área y participación en el proyecto? Todas estas cosas son preguntas importantes cuando uno busca una donación que causará un impacto a largo plazo en la autosuficiencia.

Al trabajar con un amigo o un familiar, hablen sobre soluciones a largo plazo. Tal vez hagas que la persona se comprometa a asistir a una clase de carreras, a un grupo de autosuficiencia o registrarse en los servicios de trabajo como condición para recibir ayuda.

¿Usted o la organización benéfica invita a los beneficiarios a trabajar, contribuir o comprar el producto o servicio?

Otro resultado dañino de solo regalar mosquiteros, gafas o medicina es que muchas veces se van sin ser usados ni apreciados. Si el beneficiario no ha pensado en el valor del mosquitero ni ha hecho el sacrificio para comprar uno, entonces terminará abandonándolo.

Visité el hogar de una familia en una zona de Etiopía afectada por la sequía. Una ONG que tenía buenas intenciones había hecho un sistema recolector de lluvia con un tanque de 500 gallones en la granja de una mujer pobre. Cuando fuimos al sitio, la conexión entre el techo y el contenedor había desaparecido. Resulta que ella había quitado el canalón para otro propósito. El sistema recolector no funcionó hasta un mes después de su instalación. Ella no comprendió el valor del sistema recolector de agua y no participó en su desarrollo. Estaba contenta de que un forastero viniera e hiciera algo de trabajo en la granja, pero no había hecho ningún esfuerzo por hacer que el sistema tuviera éxito.

Cualquier cambio de comportamiento, ya sea ponerse gafas, dormir bajo una red u obtener agua de una nueva manera, necesita ser aceptado y procesado por el poblador local. Tiene que haber una "conversión" hacia la idea. Vender un producto o servicio es una manera excelente de crear aceptación. Una transacción económica ofrece una oportunidad para el que hace las compras a comprometerse al producto o servicio. La persona tiene que ser suficientemente educada para entender la compra y comprometerse al punto de realizar la compra.

Si alentamos a los pobladores locales a vender bienes y servicios a precios razonables y les enseñamos a cómo sacar provecho en el proceso, entonces tenemos una situación donde todos son ganadores. Se crean trabajos, servicios en la comunidad y se persuade y compromete a los consumidores finales.

¿Qué tal si la persona no tiene el dinero para pagar? A menudo esto ocurre con la educación, un bien, una casa o cosas más grandes. En este caso, el ofrecer una forma de trabajo significativo como pago es una parte importante de la autosuficiencia. El beneficiario debería ayudar a cavar el excusado, ayudar a juntar a las personas, vender las gafas, proveer referencias o liderar. El participante local necesita hacer todo lo que pueda para "comprar" o ganar el producto o servicio.

Los pobladores locales que piden excusados, escuelas, libros o pozos de agua deberían tener la capacidad de explicar su compromiso regional al proyecto. ¿Tienen un consejo de liderazgo regional que defiende el proyecto? ¿Están animando la participación local? ¿Requieren el compromiso local?

Estaba conversando con un ingeniero que quería hacer una diferencia en el mundo. Sirvió en una expedición a África. Se encontró a el mismo cavando en un hoyo un excusado nuevo al lado de otro empresario que también estaba cavando. Vieron que los pobladores los miraban curiosamente. De repente se dio cuenta que la única cosa que los pobladores podían ofrecer era su trabajo. Tenían tiempo, curiosidad y la habilidad de cavar un hoyo y estaban de pie solo mirándolos.

La autosuficiencia se fomenta cuando desafiamos e invitamos a los beneficiarios a hacer todo lo posible en el proceso.

Esto es cierto y sucede aún más cerca de nosotros.

Cuando le prestas dinero a un amigo o familiar, trata de pedirles que hagan algo a cambio del dinero. Tal vez puedan crear un presupuesto familiar, limpiar su propia cocina o ayudarte con trabajos de jardinería antes de recibir el dinero que necesitan o quieren. Ayúdalos a hacer todo lo que más puedan para ganarse el dinero.

Obviamente, hay algunas cosas que considerar cuando un desconocido te pide dinero en la calle.

Rara vez doy dinero a un desconocido y no me siento culpable porque estoy dando de mi tiempo y dinero para organizaciones de autosuficiencia siguiendo las pautas ya dichas. Sin embargo, es posible que haya momentos cuando te sientas conmovido a ayudar a un desconocido que lo necesita.

Aquí hay algunas sugerencias:

1. Comprar lo que ellos te piden en lugar de darles dinero. Comprarles un almuerzo requiere más tiempo y dinero que solo darles el dinero, pero sabrá que les diste lo que necesitaban.

2. Dar un dólar más en tu mente a la organización que escoja. Di en tu mente: "Yo escojo dar, solo no a usted en este momento".

3. Dar una tarjeta comercial de servicios regionales.

4. Guardar una bolsa de naranjas o barras de granola en tu auto para darles en lugar de dinero.

5. En pocas ocasiones, darles dinero si te sientes impresionado a hacerlo y sientes que esta acción les ayudará. No hay necesidad de ser cruel, pero sé inteligente.

Cuando vivimos en México tuvimos gente que llegaba a nuestra casa y nos pedía algo regularmente. Buscamos maneras para que ellos trabajaran. Muchas veces, les permitimos lavar el auto y tratamos de comprar sus productos si nos vendían algo.

Cuando no tenían algún producto para vender o nosotros no teníamos para darles trabajo, les dimos una bolsa de alimentos que mi esposa preparó en lugar de darles dinero. No causó autosuficiencia ni les dio una fuente de ingresos. Les dio de comer por un día. Es lo menos que pudimos hacer.

Para repasar, cuando se piensa donar a un proyecto u organización, hay dos preguntas buenas que hacerse:

1. *¿Esta caridad ayuda a las personas a quienes estamos ayudando a generar sus propios ingresos?*

2. *¿Esta donación desafía a que los beneficiarios trabajen o contribuyan a mejorar sus propias causas?*

¡PIENSA EN LA AUTOSUFICIENCIA!

Interweave Solutions es la organización sin fines de lucro que creamos en el 2008 para ayudar a las personas a llegar a ser autosuficientes. Al pasar los años hemos desarrollado un sistema que ordena grupos de autosuficiencia por medio de las personas que conocemos como embajadores de éxito.

Abrimos el camino con este modelo hace unos años en Ecuador con muchas congregaciones regionales de La Iglesia de Jesucristo de los Santos de los Últimos Días. Establecimos un grupo de autosuficiencia en varias congregaciones e invitamos a todos los miembros a que asistieran.

El grupo de autosuficiencia hizo proyectos de servicio a orfanatos, limpiaron las calles y empezaron negocios. Los participantes lograron metas tales como mejorar la comunicación familiar, bajar de peso y seguir adelante con sus estudios. Además de fortalecer los negocios existentes y empezar sus propias microempresas, más de cien posiciones de empleo fueron creadas y muchos de ellos compartieron con otros miembros del grupo.

Se le pidió a Interweave servir en un comité de autosuficiencia en Salt Lake City, Utah, para ayudar a la iglesia a desarrollar materiales que ellos pudieran usar en todo el mundo para establecer grupos de autosuficiencia. Después de años de hacer modelos y colaboraciones, la Iglesia de Jesucristo de los Santos de los Últimos Días ha desarrollado sus propios materiales

Un grupo de autosuficiencia de la Iglesia en Guyana

y ofrece grupos de autosuficiencia a sus miles de congregaciones. Casi un millón de personas han participado en dichos grupos en diferentes capillas alrededor del mundo.

Ahora estamos ofreciendo el modelo de grupo de Maestría de Negocios en la Calle/Autosuficiencia a todo tipo de iglesias y también a las agencias gubernamentales, instituciones microfinancieras y comunidades alrededor del mundo.

Los siguientes capítulos explicarán cómo el programa MBS funciona y cómo las personas llegan a ser embajadores de éxito. Es un poderoso ejemplo de dar a otros, que está creando autosuficiencia en todas partes del mundo.

MAESTRÍA DE NEGOCIOS EN LA CALLE (MBS)

Deborah, una participante de MBS en el Congo

Deborah es una de un 70% de la población de la República democrática del Congo que sufre de inseguridad alimentaria, aunque tiene un micro negocio. Compra y vende peces, carbón y panecillos. Su negocio es parte de la economía informal (compradores y vendedores en la calle que no pagan impuestos ni tampoco tienen apoyo ni permiso del gobierno) y es un ejemplo de la necesidad de pensar en el donar de una manera diferente.

Un estudio realizado para el *Instituto de Resultados del Desarrollo* define la economía informal así: *"principalmente consta de gente autoempleada que trabaja desde sus hogares o está vendiendo en la calle. No tiene ningún lugar de negocio oficial ni permanente. Generalmente, los ingresos de los trabajadores informales son bajos y también son impredecibles. En muchos países en vías de desarrollo, la economía informal es el recurso principal de empleo, 9 de cada 10 trabajadores".* Eso es el 90% de todos los trabajadores en algunos países.

Hay más de 2,15 mil millones de personas en la economía informal que están intentando salir adelante mediante comprar y vender (micronegocio) en la calle. Muchos tienen solo educación primaria. Algunos apenas leen y escriben. Muchos trabajadores viven en pueblos remotos sin acceso a educación formal. Los que están en la ciudad a menudo no tienen acceso a una educación adecuada sin hablar de la capacitación empresarial.

¿Cómo podemos conseguir capacitación útil y económica para la gran cantidad de personas en la economía informal? Si pueden tener éxito en sus micronegocios, pueden resolver su propia pobreza y ayudar a otros a ser autosuficiente. Negocios exitosos crean trabajo.

Seguramente, no estamos logrando la economía informal ahora.

El *Instituto de Resultados del Desarrollo* también dice: *"educación basada en las escuelas y programas de capacitación **casi nunca penetran la economía informal**, resultando en aptitudes cognitivas débiles en la mayoría de los trabajadores informales".*

Además de la mayoría de los programas de capacitación, *"... donde existen, demasiado a menudo [el enfoque está] solamente en las aptitudes técnicas sin integrar las aptitudes no cognitivas. De una industria a otra se desea obtener las habilidades de comunicarse con eficacia, organizarse eficientemente y resolver problemas no anticipados y que a menudo se requieren en un trabajador valioso"*.

El estudio concluyó: *"...trabajadores que permanezcan empleados informalmente se beneficiarían mucho del negocio mejorado y las aptitudes empresariales"*.

Mi análisis en Internet reveló muchas opciones para la capacitación para empresas pequeñas en países desarrollados, pero sin prácticamente nada para las empresas en la economía informal.

Hay una solución: **Maestría de Negocios en la Calle (MBS)/Grupos de Autosuficiencia**.

Cuando Deborah se juntó con el grupo de autosuficiencia de la Maestría de Negocios en la Calle (MBS) de Interweave, en el Congo, supo que necesitaba tener más clientes para ganar más dinero, pero no estaba segura de cómo debía hacerlo.

"Gracias por ofrecer el apoyo y la capacitación. Ésta es mi única fuente de ingresos. Estoy trabajando duro, pero necesito ayuda".

Parte de la ayuda que recibió Deborah fue el entender que podía introducir sus productos en otras áreas de su vecindario. (por medio de la promoción, uno de los seis principios de los negocios enseñado en el programa de autosuficiencia de MBS). Deborah encontró pedazos de cartón y empezó a hacer letreros como publicidad para sus pescados y panecillos. El comercio aumentó en su puesto y pudo comprar peces más frescos y como resultado, tuvo aún más clientes.

¿Dónde, en el mundo del negocio formal, los profesores permitirán o aún enseñarán a usar cartón y marcadores prestados a alguien que está lanzando un plan de marketing?

Con el apoyo de sus amigos en su grupo de autosuficiencia de MBS Interweave, Deborah ha podido doblar sus ingresos en pocas semanas. ¡Su familia ahora tiene lo suficiente para comer! Fue contactada y capacitada por los congoleños "Embajadores de Éxito" en el sector informal, prácticamente sin costo alguno y se juntará con un grupo de compañeros de micronegocios que está resolviendo sus propios desafíos del negocio, del hogar y de la comunidad por medio de sus grupos de autosuficiencia de MBS.

Los grupos de autosuficiencia de MBS entretejen actividades generativas con acción del hogar y de la comunidad. Proveen una estructura por la cual la gente puede ayudarse la una a la otra a llegar a ser más autosuficientes.

¿QUÉ ES UN GRUPO DE AUTOSUFICIENCIA DE MAESTRÍA DE NEGOCIOS EN LA CALLE (MBS)?

El éxito en un micronegocio, a menudo se entreteje con asuntos en el hogar y en la comunidad. Si el negocio familiar va bien, pero el padre siempre está borracho y se toma las ganancias, el éxito es escurridizo. Si la microempresa va bien y la familia está trabajando junta, pero hay crimen en el vecindario y la basura está en las calles, entonces la autosuficiencia es difícil. La gente se vuelve más autosuficiente cuando entrelaza los esfuerzos de negocio, del hogar y de la comunidad con éxito.

Las personas ganan un certificado de la Maestría de Negocios en la Calle (MBS) cuando se juntan con el grupo de autosuficiencia de MBS. A menudo, estos grupos constan de 5-15 personas que tienen el deseo de ser autosuficientes. Ganan el certificado mediante el participar en 14 clases semanales di-

Las tres áreas interconectadas de la Autosuficiencia

rigidas por un Embajador de Éxito local. Cada semana aprenden un concepto empresarial nuevo para sus empresas, hogares y comunidades.

Estas clases se organizan como un consejo en el cual los miembros del grupo hablan de casos de estudio de la vida real. Aprenden aptitudes de liderazgo a medida que hablan de cómo poner precios, producir o promover sus propios productos o servicios basados en su mercado local. Hablan de desafíos locales en el vecindario y desarrollan soluciones. Se apoyan el uno al otro.

Después de la sesión de clases de 14 semanas, si logran todos los requisitos y son aprobados por nuestro personal internacional, reciben un certificado de MBS de Interweave Solutions. Entonces, los graduados fijan un horario para reunirse regularmente para actuar como una minicámara de Comercio del vecindario para resolver problemas de negocios locales como la basura en la calle o la delincuencia. Rinden cuentas y se mantienen los unos a los otros responsables por compromisos continuos y traen a oradores invitados y recursos de la comunidad cuando se necesita.

Porque el negocio, el hogar y la comunidad están tan entretejidos, es necesario tener planes en las tres áreas para ayudar a una persona a llegar a ser auténticamente autosuficiente. Un graduado de MBS desarrolla e implementa un plan de negocio, de hogar y de comunidad.

Una graduación MBS en una escuela cerca de Otavalo, Ecuador

LAS 6P DE LOS NEGOCIOS

Desafortunadamente, el trabajo es más difícil de encontrar en los países en vías de desarrollo. Hay pocas corporaciones grandes con trabajo formal que proveen salarios y beneficios. Casi la mitad del mundo, más de 3 mil millones de personas, vive con 2,50 dólares por día.

Para muchas personas, el crear su propia forma de ingresos es la única solución. Sin embargo, no se ven a sí mismos como dueños de negocios pequeños. Sólo están tratando de sobrevivir.

> *No tengo mi propio negocio. Sólo vendo tortillas.*

> *Necesito un trabajo. Por el momento, sólo pinto y arreglo las casas de otras personas para sobrevivir.*

> *No guardo registros. Sólo vendo platanos.*

Un líder eclesiástico en Zimbabue dijo que el 95% de su congregación local estaba sin trabajo. "Viven de lo que pueden vender en la calle, conseguir de la iglesia o recibir por mendigar. Debo tener gente en mi puerta buscando ayuda cada dos o tres horas todos los días".

Si no hay una manera para desarrollar un medio pequeño de ingresos, la gente deberá depender del gobierno, de las iglesias y de otras organizaciones no gubernamentales para sobrevivir. El recurrir a pedir limosnas, y a veces el robar, pueden ser formas de ingresos que algunos pueden usar si no tienen un ingreso válido o seguro. Si un miembro de la familia tiene éxito en un negocio, otros miembros de la familia extendida suelen esperar que él o ella les sostenga también.

Una familia debe de tener una fuente de ingresos para llegar a ser autosuficiente y escapar de la pobreza. Para muchos, la solución es el autoempleo.

Algunas de las capacitaciones de negocios inicial de Interweave ocurrió en Uganda. Se nos pidió que nos reuniéramos con un grupo vecinal en las afueras de Kampala, cerca de la orilla del lago Victoria. Nuestro objetivo era enseñar a la gente técnicas de negocios pequeños.

Yo había revisado los apuntes de mi capacitación empresarial y me acordé del currículo que usé en las clases de comportamiento organizado en la Universidad de Nebraska, en Kearney. Mi colega revisó su material de trabajo MBA en la Universidad Brigham Young. Habíamos organizado muchas diapositivas en Power Point que se podían usar como ayuda visual.

Nuestra ignorancia cultural no podría haber sido más dramática. Nos encontramos bajo un techo de paja que tenía lados de bambú y ventanas de aire abierta. No había electricidad. Los pollos que pertenecían al dueño que nos prestó el lugar, se tenían que quitar de las mesas y los bancos de madera estaban abarrotados en casi cada esquina disponible.

El olor de los cerdos, y sus chillidos ocasionales, venían desde atrás, donde esperaban la muerte diez yardas de donde estábamos.

Entonces, la gente vino. Arregladas para un evento grande, las mujeres tenían vestidos hechos en casa que obviamente se usaban sólo para ocasiones especiales. Los hombres estaban limpios y todos tenían hambre de cualquier información que pudieran obtener de los capacitadores educados de Estados Unidos.

Muchos no podían leer. Otros sólo entendían lo básico del inglés y era una lucha entender cualquier cosa que decíamos, aun sin hablar del análisis S.W.O.T. (por sus siglas en inglés) o material de planificación estratégico que habíamos preparado. Estábamos listos para presentar un programa de negocio del primer mundo en un formato de clase a una congregación de un país en vías de desarrollo que apenas hablaba inglés y no tenía electricidad. Era obvio que no íbamos a poder comunicarnos con nuestro grupo eficazmente, y no lo hicimos.

Decidimos que teníamos que reconsiderar y reescribir el cómo enseñamos el negocio y la autosuficiencia en naciones en desarrollo. ¿Cómo pudimos simplificar el material complicado enseñado en las universidades y los programas de MBA en todo el mundo?

Empezamos con las 6P.

Aprendiendo las 6P en Guatemala

Dividimos todos los principios esenciales de negocios pequeños en seis áreas de enfoque que llamamos las **6P de los Negocios**.

- **Plan**
- **Producto**
- **Proceso**
- **Precio**
- **Promoción**
- **Papeleo**

Bajo cada una de estas P, elegimos cinco o seis principios sencillos para guiar al nuevo empresario.

El currículo de las 6P es una herramienta potente para enseñar principios del negocio pequeño. No depende de la tecnología, y hasta los capacitadores laicos pueden enseñarlo. La capacitación de las 6P permite a grupos de MBS/Autosuficiencia desarrollar sus ingresos por medio del proveer principios de negocios probados en el campo en un formato que es fácil de entender. El primer paso para desarrollar la autosuficiencia es ayudar a las familias a conseguir un ingreso mediante el cual puedan empezar o el mejorar sus propias microempresas, especialmente en las áreas donde haya poco trabajo formal.

Miles de personas en el mundo ahora han implementado las 6P de los Negocios en sus microempresas.

> *"Mantengo registros por primera vez".*

> *"Tengo un plan de promoción, ¡y funciona!"*

> *"¡Por fin, estoy desarrollando mi negocio en vez de sólo sobrevivir!"*

Las 6P han ayudado a personas en todo el mundo a simplificar el mundo complejo del negocio e implementar principios de negocios sencillos y también valiosos.

Un estudio que hicimos informó que hubo un aumento del 64% en ingresos de los que participaron en el programa de las 6P de Interweave.

LA CALIDAD DE VIDA FAMILIAR

El segundo ciclo para ganar autosuficiencia es mejorar la calidad de vida familiar.

Me sentí un poco intimidado al acercarme a una casa de paja, ubicada en el centro de México, buscando a Miguel Hernández *(nombre cambiado)*. Había escuchado que él había sido un hombre de negocios muy exitoso en su época. Había organizado la población local indígena de su pequeño pueblo en las montañas de México. Tenía una familia grande que tuvo un impacto enorme en ese pueblo pobre.

La casa consistía de tres estructuras hechas todas con paja y cubiertas con un techo hecho de hojas de plantas de platano de la región. Para cocinar, se usaba un lugar para fogatas afuera al medio de las tres estructuras. Su esposa, María, estaba cocinando tortillas en el fuego, poniéndolas en la sartén caliente sobre la hoguera hecha con la leña que había recogido ese día. Parecía tímida y retraída. Le pregunté si Miguel estaba en casa y con una mirada temerosa murmuró: "Espero que no".

El sábado en la noche fue difícil para toda la familia. Miguel había estado tomando otra vez y al llegar a casa se puso violento. El domingo en la mañana María preparaba diligentemente el desayuno para el resto de los niños que estaban en casa, pero cuando me acerqué, vi que tenía moretones y otras muestras de abuso.

"Todos le tenemos miedo", susurró, "No podemos hacer nada sin miedo a sus reacciones e ira. Si lo buscas, estará en un bar o en la casa de otra mujer".

Miguel había sido un hombre de negocios muy exitoso, pero ya no. Perdió todo y su familia ahora vive con miedo y en la pobreza. Miguel ahora es un hombre destrozado.

Si uno recibe su sueldo y lo malgasta en alcohol, no educa a sus niños o maltrata a su familia, entonces, la familia vivirá en la pobreza y dependiendo de la misericordia de otras personas.

La reducción de la pobreza y la autosuficiencia vendrán cuando la persona y la familia fijen y alcancen metas personales y familiares.

CREAR EQUILIBRIO EN NUESTRAS VIDAS

- ¿Qué ves en esta imagen?

- ¿Por qué el niño está frustrado?

- ¿Estarías frustrado si estuvieras en la misma situación?

- ¿Alguna vez habías estado en una situación semejante?

- ¿Te gustaría compartirla con el grupo?

Tal como el niño con la rueda cuadrada, nosotros también nos frustramos cuando nuestra vida no está completa.

Esta serie de preguntas son la introducción para los miembros del grupo de MBS/Autosuficiencia con el propósito de hablar de su propia calidad de vida. Es fascinante escuchar a las personas hablar de sus desafíos con las relaciones familiares, no saber leer o luchar con el alcohol. Algunos hablan de bajar de peso o empezar a hacer ejercicios con regularidad. Los participantes identifican ocho áreas de su vida en las cuales piensan mejorar y se califican a ellos mismos en cada área.

Crear una rueda para medir la calidad de vida

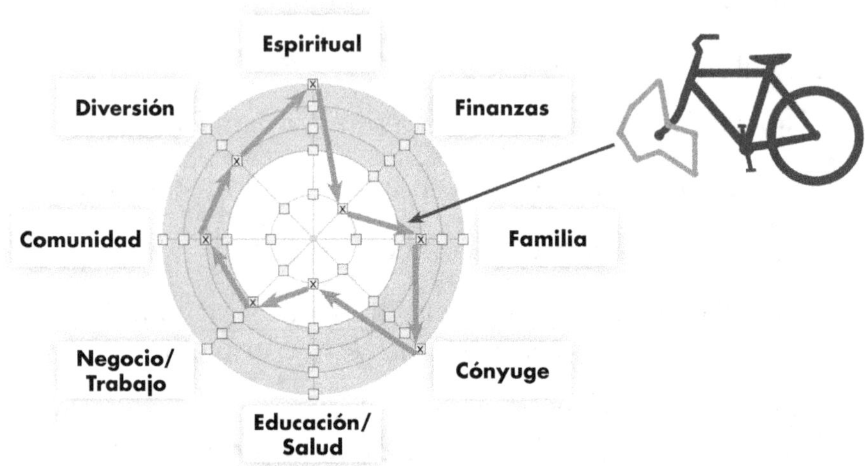

La rueda para medir la calidad de vida/ ¿Tu vida está equilibrada?

Un puntaje cerca del centro del círculo significa que hay algo por mejorar. Marcar la caja al borde exterior del círculo quiere decir que están mejorando en esa área.

Entonces pedimos que conecten los puntos. Los puntos conectados suelen crear un círculo desequilibrado como se ve en el ejemplo. El círculo deformado representa el desequilibrio en la vida de la persona. Comparamos el círculo deformado con el niño en triciclo con la rueda cuadrada e invitamos a los miembros a fijar metas de corto plazo y de largo plazo con el fin de mejorar el equilibrio en su vida.

Rodrigo fue un miembro de un grupo de autosuficiencia en Quito, Ecuador. Abrió muchas diferentes empresas a lo largo de su vida. Mientras hacía su plan para mejorar su calidad de vida, anotó la salud como una de las áreas que quería mejorar. Tenía un problema con el alcohol y se dio cuenta de que no importaba cuán bien pudiera trabajar si malgastaba todo el dinero que ganaba y todo el tiempo tomando alcohol. Se separó de su esposa y sabía que el alcohol había destruido su matrimonio. Decidió buscar ayuda esa semana, para dejar de tomar.

Cada semana fijaba otra meta a corto plazo para ayudarse a vencer su hábito. No iría a los bares con sus amigos esta semana o asistiría a la iglesia ese domingo. Tenía un grupo de apoyo que le preguntaba cómo estaba cada semana. Trabajando con el grupo en sus metas personales, Rodrigo pudo encargarse de la causa real de su pobreza y salvar su matrimonio en el proceso.

Algunos miembros eligen mejorar su lectura, otros trabajan en áreas físicas de su vida. Muchos fijan metas sobre mejorar la comunicación en casa y mejorar su educación.

A medida que la gente fija metas, empieza a enfocarse en una vida equilibrada y no solo en cómo ganar más dinero. La autosuficiencia viene cuando los miembros del grupo se ayudan los unos a los otros en las tres áreas de negocios, del entorno familiar y de la comunidad. Los planes para la familia y la vida son una parte importante del proceso.

CIENTOS DE PROYECTOS DE SERVICIO A LA COMUNIDAD

En las montañas de Ecuador que rodean la hermosa capital de Quito, hay un jardín. Este jardín solía ser un campo vacío donde se cultivaban malas hierbas y se recolectaba basura de las comunidades cercanas lanzada por el viento. La dueña, Gabriela, era una señora agobiada que no tenía el tiempo, el conocimiento ni la capacidad de despejar y de plantar el campo.

Ella se unió a un grupo de autosuficiencia (MBS). Después de unas reuniones, los miembros hablaron de la necesidad de un servicio comunitario. Se dieron cuenta de que la autosuficiencia solo ocurriría si ellos como comunidad comenzaban a resolver sus propios problemas. Durante la reunión de grupo, hicieron una lista de algunos de los problemas que desafiaban a la comunidad. Debatieron la basura en la calle, los niños hambrientos que mendigaban en la plaza cercana, los problemas de lectura y la pobreza.

De repente Gabriela habló. Era dueña de algunas tierras. Si el grupo de autosuficiencia quería usarla, podrían cultivar algo de comida y compartirla con el orfanato local. La idea empezó a tomar forma y antes de que la noche se terminara, los miembros habían creado un plan de servicio comunitario con fechas y horas específicas para reunirse, plantar y cultivar el jardín.

Tuvieron éxito y seis meses después tuvieron una cosecha tan productiva que compartieron con los que participaron en el trabajo, además de una porción significativa de la comida que donaron al orfanato local.

Muchos problemas sociales se tienen que resolver localmente. Las ONG internacionales pueden planificar para enviar alimentos, construir escuelas o resolver la malaria, pero el éxito real viene cuando la gente local decide cuál es el desafío y trabaja junta para enfrentar ese desafío.

He visto muchas bombas de agua en África que están rotas y abandonadas y la gente las pasea hasta el arroyo a kilómetros de distancia. Al preguntar por qué no usan el pozo, simplemente explican que no funciona. Unos extranjeros vinieron, cavaron y construyeron el pozo y se fueron. Sirvió por un rato y luego se rompió.

"No sabemos cómo arreglarlo", dijeron. "No lo construimos", expresaron, y "no sabemos quién es el responsable de ello".

La actitud de algunas personas de otras comunidades es parecer tan pobres e indefensos para los extranjeros como sea posible, para que las ONG internacionales vean que necesitan el pozo (la escuela, el puente, la ayuda dental) más que las otras comunidades.

La suerte y esperanza de una intervención internacional no es la manera de construir la autosuficiencia. Las ideas y los planes tienen que venir de los miembros de la comunidad. Cuando forman los grupos para debatir los problemas locales, como la necesidad de una escuela o un pozo, entonces pueden trabajar para alcanzarlo.

Cuando cavan su propio pozo juntos o construyen su propia escuela, entonces hay un sentido de autosuficiencia. Si no tienen el dinero ni el conocimiento que necesitan para realizar su meta, entonces aprenden. Hacen preguntas, ahorran dinero, ofrecen su obra de mano y contactan recursos. Hacen todo lo posible para ayudarse a sí mismos y resolver sus propios problemas.

Si ellos tienen la suerte de asociarse con una ONG internacional, entonces ya tendrán la organización y el plan para mantener un pozo o una escuela cuando se construya.

Los proyectos de servicio que se basan en la comunidad generados por el vecindario local son maneras poderosas de aumentar la autosuficiencia y reducir la pobreza.

A menudo los problemas de la comunidad se pueden interponer en el camino de micro negocios exitosos o metas de calidad de vida. En el parque Marimba, una zona humilde fuera de Harare en Zimbabue, hay una escuela primaria local que sirve a la comunidad. Hay mucha tierra que rodea el edificio de la escuela que provee un gran lugar para que los niños jueguen. Ahí está el problema.

La tierra está cubierta de pasto alto. La escuela no posee cortadora de pasto para quitar el césped, por lo que sólo crece. El

El Proyecto de Servicio de Zimbabue
El quitar la hierba crecida alrededor de la escuela

césped alto es divertido para los niños, pero también un gran lugar para que las serpientes crezcan.

Los padres, preocupados por las serpientes y el peligro para los niños, vacilaban en enviar a sus hijos a la escuela. Esto afectó su capacidad de dirigir sus empresas pequeñas y lograr el objetivo de educar a sus hijos.

En una reunión de MBS/Autosuficiencia, los miembros identificaron el problema y planearon una solución. Un sábado por la mañana, antes de su entrenamiento grupal local en las 6P de los Negocios, se pusieron sus camisetas, caminaron una milla desde donde se reunían a la escuela primaria y atacaron la hierba alta.

Cada padre tenía un cortador, una pequeña herramienta parecida a un palo de golf con una hoz atada al final en lugar de un palo nueve. Cortaron y recortaron por una hora hasta que la hierba alta estaba más baja y después volvieron a su lugar de reunión y comenzaron a entrenarse mutuamente en las técnicas del negocio pequeño.

Muchas veces, las personas en los países en vías de desarrollo no pueden depender de los servicios comunitarios locales. La basura, los faroles y la protección policial son sólo algunos de los muchos problemas que pueden afectar la calidad de vida y el éxito de los negocios locales. Cuando se enseña a una comunidad a ser autosuficiente y se le da la estructura y el apoyo para hacerlo realidad, los ciudadanos pueden resolver muchos de sus problemas locales.

Por ejemplo, Mari asistió a un grupo de autosuficiencia en Kinshasa, Congo. Ella esperaba crecer y mejorar su negocio de venta de granos. Mari se hizo bastante exitosa aplicando las 6P de los Negocios. Incluso agregó servicio de comida a sus esfuerzos. Sus ingresos aumentaron sustancialmente. Pronto descubrió que el sólo aumentar sus ganancias de negocios no era suficiente. Se preocupó por los huérfanos que vivían en las calles de su comunidad. Tomando las escasas ganancias que obtuvo de su negocio e involucrando a la gente en su comunidad, creó un orfanato y una escuela para los niños que vivían en las calles. Mari vive ahora en ese dulce lugar de autosuficiencia donde sus negocios florecen, es feliz y los huérfanos en su comunidad disfrutan de un lugar para dormir, comer y recibir una educación.

La autosuficiencia ocurre cuando las personas buenas (ricas o pobres) están haciendo todo lo que pueden para resolver sus propios problemas. Para ello, la comunidad debe reunirse y debatir las cuestiones locales. Los grupos de MBS/Autosuficiencia facilitan esta cooperación al fomentar y enseñar a las personas a crear e implementar los planes en su propio negocio, hogar y comunidad.

La autosuficiencia está al alcance de todos cuando las personas y sus comunidades se unen para enseñarse mutuamente las técnicas de negocios, ayudarse mutuamente a establecer objetivos personales a corto y largo plazo y trabajar juntos para resolver los problemas de la comunidad local.

EMBAJADORES DE ÉXITO

Llevamos a la gente de la pobreza a la prosperidad por medio de grupos de autosuficiencia/MBS en su vecindario.

—Declaración de Objetivos de Interweave Solutions

Los grupos de MBS/Autosuficiencia transforman la forma en que el mundo combate la pobreza. A través de estos grupos, millones de personas lograrán mayores negocios, mejores hogares y mejores comunidades.

—Declaración de Visión de Interweave Solutions

Nuestra visión es tener millones de personas recibiendo un certificado MBS y ser parte del grupo de MBS/Autosuficiencia. Sólo es posible si hay miles de personas son capacitadas para ofrecer y facilitar grupos de MBS/Autosuficiencia. Hacemos esto por medio de Embajadores de Éxito.

Los Embajadores de Éxito son personas motivadas que quieren empezar su propio negocio pequeño de capacitación en su área local. Llegan a ser Embajadores de Éxito tomando dos cursos por internet: el curso de MBS completo y el curso de Embajadores de Éxito. Por este proceso aprenden a crear grupos de MBS/Autosuficiencia.

El currículo fue escrito y diseñado para personas astutas que no tienen una educación formal y tienen negocios pequeños. Sin embargo, encontramos que empresarios y estudiantes de todas las edades pueden beneficiarse obteniendo un certificado de MBS y ser parte del grupo de MBS/Autosuficiencia.

Wayne Barrow es un Embajador de Éxito en Guyana. Interweave lo contrató mientras implementaba un contrato de consultaría para establecer grupos de autosuficiencia para una iglesia en Guyana. Cuando terminó el contrato con Interweave, estaba a punto de quedarse sin trabajo otra vez. Le preguntamos si le gustaría contactar a otras iglesias, agencias gubernamentales y algunas ONG para ver si estarían interesadas en ofrecer grupos de MBS/Autosuficiencia a las personas en sus organizaciones.

Wayne contactó a varias personas y finalmente pudo conectarse con la primera dama de Guyana quien deseó proveer un servicio para su país. Ella contrató a Wayne para ofrecer el modelo de Interweave al pueblo de Guayana. Ahora se le paga por implementar grupos de MBS/Autosuficiencia de Interweave. La Administración de Negocios Pequeños de Guyana vio su trabajo y también lo contrató. Él no es un empleado de Interweave. Maneja su propio negocio capacitando a las personas a empezar y hacer crecer sus negocios y llegar a ser más autosuficientes.

Un Embajador de Éxito de Quito, Ecuador que se llama Chio ha ayudado a instituciones microfinancieras, agencias gubernamentales e iglesias locales a crear grupos de MBS/Autosuficiencia y recibir certificados de MBS. Ella tiene su propio negocio y ofrece certificados de MBS como uno de sus productos. Como una Embajadora de Éxito certificado, tiene autorización para imprimir y ofrecer el programa de MBS. Chio llega a ser más autosuficiente mientras ayuda otros.

Yasmina de Cartagena, Colombia, es una maestra de una escuela local de un barrio pobre. Su esposo la dejó y necesitaba ingreso extra para apoyar a sus hijos. Como una Embajadora de Éxito ofrece el programa de MBS a los padres de sus estudiantes y la fundación que se compromete a mejorar la educación del pueblo le paga por ello. Yasmina no sola recibe ingreso extra, los padres empiezan y hacen crecer sus negocios, lo que les facilita pagar los costos de la educación de sus hijos. Además, la fundación cumple con su misión de mejorar la educación de los padres y sus hijos.

Los Embajadores de Éxito son personas que desean ayudar a su

Una Conferencia de Embajadores de Éxito en Sudamérica

comunidad, y al mismo tiempo ganarse el dinero ofreciendo grupos de MBS/Autosuficiencia a individuos y organizaciones que quieren empezar o hacer que sus participantes empiecen y hagan crecer sus propios negocios pequeños.

EMBAJADORES DE ÉXITO COMO UN MODELO DE NEGOCIO

Cuando personas motivadas se hacen Embajadores de Éxito pueden cobrar a otros por el certificado de MBS y ofrecerlo a las iglesias, los gobiernos, ONG, instituciones financieras o a sus vecinos. Algunos se dedican a grupos de MBS/Autosuficiencia a media jornada para suplementar sus ingresos y otros lo hacen como un negocio a tiempo completo para sí mismos y otros.

Los Embajadores de Éxito ofrecen MBS a su comunidad y cobran un precio competitivo dependiendo de cuánto le pagará el mercado. El precio difiere de un área a otra.

Jasmín de Soacha, Colombia, una comunidad pobre cerca de Bogotá, cobró 15 dólares por un grupo local que organizó con sus vecinos. Alex, un Embajador de Éxito que viene de Quito, Ecuador cobró 40 dólares por un curso de MBS. Los precios dependen del mercado local y son diferentes mundialmente.

Los Embajadores de Éxito están equipados con el entrenamiento, el currículo y la certificación de Interweave Solutions la cual es una ONG internacional. No se necesita una oficina porque el Embajador irá al pueblo o a la organización en vez de que las personas vayan a una oficina central. Los Embajadores de Éxito dan de su propio tiempo y realmente causan un impacto al organizar sus propios negocios y al ayudar a otros a hacer lo mismo.

A veces, los Embajadores de Éxito reciben de Interweave una beca solo una vez para imprimir las materias, legalizar su negocio o ayudar con el transporte. Nuestra meta es que los Embajadores de Éxito lleguen a ser autosuficientes para crear su negocio u organización que ayude a otros a ser autosuficientes.

Los Embajadores de Éxito pueden ser empleados de iglesias, escuelas, agencias del gobierno u ONG. La organización hará un contrato con un Embajador de Éxito de Interweave para entrenar a su personal. Su personal entonces ganará los certificados de MBS y algunos de los miembros del personal pueden ser Embajadores de Éxito. Luego la agencia puede ofrecer un programa de MBS en su área local.

Para empezar un grupo de MBS, el Embajador de Éxito trabaja con una organización asociada que anunciará el programa a sus miembros. Explicará que el grupo está formado para ayudar a cualquiera que se interese por empezar o mejorar su microempresa y ser más exitoso en la vida.

Todos los miembros interesados en la organización o barrio se reunirán para la orientación donde explicarán el modelo de MBS/Autosuficiencia de Interweave. Están invitados a las reuniones que se realizarán una o dos veces a la semana para obtener su certificado de Maestría de Negocios en la Calle (MBS, por sus siglas en inglés). Los Embajadores de Éxito fijan los días y tiempos para cada organización o grupo que promoverán.

Es más que solo una clase. Es un compromiso para mejorar el negocio, el hogar y la comunidad de una persona. La meta es ayudar a las personas a hacer cambios.

Después de tres a cinco reuniones, el grupo sabrá qué miembros asistirán regularmente y mostrarán potencial para el liderazgo. En una de las reuniones, los miembros tendrán una elección de líderes para el grupo que ayudarán a planear, organizar y a enseñar la materia, y mantener las reuniones por sí mismos.

El Embajador empezará a asesorar al liderazgo del grupo. Los grupos decidirán los temas para discutir y organizar los proyectos de servicio para la comunidad. El Embajador y los líderes del grupo empezarán a identificar personas que puedan dar visión y entrenamiento al grupo. Las materias del currículo se comparten entre el grupo y los miembros del grupo empezarán a enseñar las lecciones, a guiar las charlas y a decidir cuáles serán los esfuerzos futuros del grupo mientras obtienen el certificado de MBS.

Una vez graduado con el certificado de MBS, los grupos a menudo funcionan por sí mismos. La organización o barrio tiene su propio grupo de autosuficiencia con graduados de MBS. El papel del Embajador de Éxito es visitar mensualmente y luego trimestralmente para ver cómo van los grupos.

Ahora la organización es autosuficiente para ayudar a sus miembros. No tienen necesidad de esperar a una agencia externa o gobierno para resolver sus problemas. La congregación u organización tienen la estructura y capacidad de ayudarse.

Los Embajadores de Éxito ahora han establecido grupos de MBS/Autosuficiencia con muchas diferentes iglesias, escuelas, instituciones de microfinanzas, agencias del gobierno, centros de rehabilitación e incluso negocios que quieren que sus empleados sean empresarios y que vendan sus productos. Los grupos de autosuficiencia funcionan bien para los participantes. En un estudio los participantes reportaron lo siguiente:

- 64% aumento de ingreso
- 64% aumento de ahorros personales
- 73% mejoramiento de la vida familiar
- 74% mejoramiento de la calidad de vida en general

Los Embajadores de Éxito pueden usar el programa de MBS/ Autosuficiencia para proveer un sistema a fin de que las personas puedan ayudarse. Con un currículo evaluado y un formato del grupo en que las personas puedan aconsejarse para resolver los problemas personales y locales. El Embajador de Éxito gana dinero mientras ayuda a su país, un grupo de empresarios de microempresas a la vez.

Una clase de MBS en las calles de Ecuador

CONOCIMIENTO PRIMERO; DINERO DESPUÉS

Una de las preguntas que más escuchamos es: "¿Ofrecen préstamos? No puedo empezar mi negocio si no tengo el dinero".

Durante muchos años, la experiencia nos ha enseñado que el dinero no el primer paso. Para tener éxito, el conocimiento está primero.

EL IDIOMA DE LOS NEGOCIOS

En el año 2010, visité a un grupo de personas interesada en crear un negocio en Zimbabue. Cuando supieron que un estadounidense iría a visitarlos, deben haber asumido que llevaba dinero porque a penas comenzamos la reunión me presentaron sus planes de negocios.

Había cerca de 20 planes diferentes. Variaban entre negocios de taxis y restaurantes, agencias de viajes y servicios de fumigación. Estaban pidiendo miles de dólares para comprar los taxis, abastecer los restaurantes y proveer todo el capital necesario para comenzar sus planes.

Eran excelentes planes de negocios. Estaban escritos y tenían la jerga profesional correcta: la cuota de mercado, proyecciones de fondos, fortalezas, debilidades, oportunidades y análisis de amenazas, etc. Debieron haber participado en una clase de planes de negocios. Algunos, probablemente, eran competentes profesionalmente.

"¿Pueden mostrarme sus registros comerciales, estado de ingresos y proyecciones de fondos?", les pregunté.

"¿Saben cómo mejorar su cuota de mercado o trabajar con empleados?"

Cuando les pregunté si tenían alguna experiencia administrando negocios o si habían invertido tiempo o dinero en probar sus ideas, dijeron que no.

"No tenemos dinero. No podemos empezar un negocio. Denos dinero y aprenderemos cómo administrar un negocio".

"Si quieren hablar de dinero, necesitan aprender el idioma del dinero. Muéstrenme su estado de ingresos de los últimos seis meses, muéstrenme sus proyecciones de fondos del próximo año. Muéstrenme sus planes para el mejoramiento del sistema (procesos), los precios y las ideas para promocionarlo e innovaciones del producto".

Aún cuando pudieran mostrarme toda la documentación para un negocio de gomas de mascar o un soporte de plátanos, esto le demostraría al inversionista que el dueño potencial del negocio sabe los conceptos y tal vez, está listo para un préstamo.

Visité al dueño de un negocio de lavado en seco en el Congo que necesitaba dinero. Cuando entré en la tienda, estaba sucia y la ropa que se iba a lavar estaba apilada en el suelo. Le pregunté sobre el proceso para tomar las órdenes, controlar y hacer seguimiento a la ropa de los clientes, y no tenía ninguno.

Le pregunté si podía ver su documentación y no tenía nada.

Le pregunté si tenía planes para premiar a sus clientes más fieles, o a los nuevos clientes, y no tenía ninguno.

Le pregunté que cómo llegó a tener su plan de precios y cuánto cobraba la competencia y no sabía.

Le pregunté en qué gastaría más dinero si le dieran un préstamo y no estaba seguro.

Fue obvio que lo último que este dueño necesitaba era más deudas. Hasta que no aplicará las 6P (Plan, Producto, Procesos, Precio, Promoción y Papeleo) en su negocio, más dinero ocultaría los problemas que su negocio necesitaba resolver. Si él mejorara las 6P en su negocio, ni siquiera necesitaría pedir un préstamo.

Si una microempresa puede hablar en el idioma del dinero, tiene un poco de experiencia y sabe exactamente qué bienes productivos el dinero prestado comprará, entonces tal vez, está lista para un préstamo. Si no, necesitan primero un entrenamiento en Maestría de Negocios en la Calle.

Como un potencial inversionista, no arriesgaría mi dinero en personas que no tienen conocimiento de principios básicos sobre negocios. Una cosa es escribir un plan de negocios y la otra es tener experiencia en negocios. Se necesitan ambas.

Adquirir conocimiento y experiencia en negocios está primero que las deudas y los préstamos, no al revés.

María lleva 15 años fabricando ropa interior de niños. Tiene dos máquinas de coser en una habitación que está atrás de su humilde casa en Quito, Ecuador. En los últimos 15 años, le ha costado tener el material suficiente para poder continuar con su negocio. Con la pequeña cantidad de ropa que hace, compra pequeñas cantidades de material, hace la ropa, la vende y vuelve a comprar más material para repetir el proceso.

Tampoco hacía registros de sus ventas. Si vendía una prenda y guardaba el dinero en su bolsillo, era dinero que tendría a la mano y eso era suficiente. Si sus hijos querían materiales escolares o necesitaban comida, ese dinero se usaba. Nunca ha estado segura de cuánto dinero ha producido y al parecer nunca ha podido salir adelante de esta manera.

Así que María se unió a un grupo de autosuficiencia de Maestría de Negocios en la Calle. Por primera vez en 15 años, comenzó a registrar sus ingresos y gastos. Separó el dinero de su negocio con su dinero personal y comenzó a etiquetar sus productos. Ya no estaba vendiendo ropa interior de niños, estaba vendiendo ropa interior "Daisy" para mujeres y ropa interior "Tom Steel" para hombres. La demanda comenzó a aumentar.

María ahora estaba en una posición donde podía expandir su negocio y hacerlo crecer de verdad. Pero necesitaba capital. Con un préstamo para su negocio, podría comprar más material por un precio más barato, etiquetas para sus productos y ponerlos en cajas con diseños en vez de bolsas plásticas. Necesitaba dinero y estaba lista para invertirlo. Recibió un préstamo de una micro institución financiera local.

Cuando los préstamos y el financiamiento tienen sentido, vienen después del entrenamiento de las 6P. Una de las unidades de la Maestría de Negocios de la Calle es conocer las cuatro pautas para obtener un préstamo: los **términos** del préstamo, la **cantidad** correcta que se necesita para implementar un plan específico, el **motivo** y el **tiempo** del préstamo. Muchas personas que empiezan la Maestría de Negocios de la Calle diciendo que necesitan dinero, terminan el curso decidiendo que pueden hacer crecer su negocio de una mejor manera que endeudarse más.

OBTENER CRÉDITO

Uno de los mayores desafíos que viene con el desarrollo de un micro negocio es cómo obtener el dinero para empezar o hacer crecer un negocio pequeño cuando van a pedir un préstamo.

Los bancos, especialmente en países en vías de desarrollo, generalmente no les dan préstamos a micro negocios. Requieren un negocio que ya esté establecido con una cuenta de resultados, garantía y años de rentabilidad. Las personas que no tienen registros comerciales formales, entrenamiento o bienes, no son un riesgo comercial prudente para los bancos.

Otra institución financiera que se llama Institución microfinanzas o MFI (por sus siglas en inglés) ha aparecido en los últimos 30 años. Al reconocer la necesidad de dar préstamos pequeños a nuevas personas, las MFI están organizadas para dar pequeños préstamos.

Existen miles de MFI en el mundo. Casi cada área del mundo tiene acceso a al menos una. En la mayoría de las áreas en el mundo existe una competencia por los mejores préstamos disponibles. Cada MFI tiene su propia taza de interés, cargos y planes de reembolso. Cada una tiene su propio sistema de cómo usar grupos o cómo usar la garantía y la evaluación de crédito. Entender la estructura de las MFI locales que estén disponibles es una parte importante de ayudar a la gente a ser más autosuficiente.

Una vez que la persona tiene un certificado MBS, el primer paso para obtener un capital de negocio es conocer las MFI en su área local y evaluarlas. Los embajadores de éxito de Interweave entrenan al grupo para estudiar cada MFI y tratar de crear una relación con una o dos que pueda ser beneficiosa para las personas del grupo. Por supuesto, los miembros del grupo deben tener el plan de negocio dc las 6P y haber analizado las cuatro pautas de la deuda comercial.

La MFI puede ir al grupo o viceversa, pero cuando los graduados de la Maestría de Negocios de la Calle se dirigen a la institución financiera, ya conocen el idioma del dinero y los términos, las cantidades, los motivos y los tiempos para el préstamo.

Recuerda, el entrenamiento va primero y luego el dinero, no al revés.

Las personas con un certificado de la Maestría de Negocios en la Calle están en una mejor posición de obtener un préstamo, si de verdad lo necesitan.

¿QUÉ PASA SI NO PUEDEN LEER O HABLAR EL IDIOMA?

Anita es una talentosa costurera y madre de cinco hijos. Ella y su esposo se ganan la vida cultivando y cosiendo en las montañas de Chiapas, México. Su lengua materna es Tzotzil y se esfuerzan por hablar el idioma dominante de México, el español. Son parte de los 14 millones de indígenas en México que luchan por leer, hablar y escribir en español.

En Estados Unidos más de 60 millones de personas, el 20% de los hogares estadounidenses, no hablan inglés como el idioma prominente en su hogar. En todo el mundo cientos de millones de personas tratan de ganarse la vida incapaces de leer o hablar en el idioma dominante del país.

¿Cómo les ofreces los MBS?

Es más difícil iniciar un negocio cuando una persona no puede leer o hablar el idioma dominante de la nación. Sin embargo, puede ser imposible para esa persona encontrar empleo formal, y comprar y vender puede ser la única opción. Esa es una de las razones por las que vemos gente vendiendo barras de caramelo en los autobuses y trenes, haciendo malabarismos en las señales de PARE y vendiendo chicle en la esquina en muchos países. Están en la economía informal tratando de sobrevivir.

Un grupo de autosuficiencia y un certificado de MBS les daría la capacidad de mejorar su negocio callejero, tener un grupo de apoyo, aprender a hacer su negocio legal y mejorar sus propios hogares y comunidades.

Con el fin de llegar a las personas que no leen o hablan el idioma dominante del país, Interweave ha desarrollado materiales en inglés y español simples, (con más idiomas planeados), para ayudarles a aprender esos idiomas. Al mismo tiempo, pueden iniciar o mejorar un negocio sencillos para que eventualmente puedan recibir un certificado MBS y puedan llegar a ser autosuficientes.

Los ABC de negocios en inglés y en español

El ABC de los negocios enseña a leer y hablar en inglés o español a un nivel básico. Es para los refugiados o aprendices del inglés o español como segunda lengua que eventualmente deben leer el idioma dominante con el fin de iniciar un negocio simple.

En lugar de "A es para Agua y B es para Burro", se va derecho al negocio. A es para los activos y B es para los balances. Discuten conceptos de lectura simple en un contexto de negocio.

Estas herramientas fueron escritas para ayudar a aquellos que necesitan enfatizar el hablar inglés o español como su lenguaje de negocios. Se discuten las 6P de los Negocios de una manera sencilla para que puedan aprender a hablar el idioma, mientras que practican principios de negocios.

Usamos este manual con un grupo de hablantes, los cuales su primera lengua no era el inglés, de países de habla árabe en la ciudad Salt Lake, en Utah, Estados Unidos. Practicaban su inglés mientras trabajaban en sus propios negocios. Varios comenzaron nuevos negocios y varios más obtuvieron la confianza en inglés para buscar trabajo. Fijaron metas y comenzaron a aprender los fundamentos de las 6P de los Negocios.

Inglés para el ¡éxito! en los negocios y Español para el ¡éxito! de los negocios

Una vez que han utilizado las herramientas de lectura y habla mencionadas, están listos para recibir su certificado MBS. Tienen un vocabulario para discutir conceptos de negocios. Están listos aprender a empezar y a crecer su propio negocio.

Estas herramientas continúan siendo cumplidas con gran éxito en Uganda y actualmente se están probando en Chiapas, México y en grupos de refugiados en la ciudad de Salt Lake.

¿QUÉ SIGUE?

Te animamos a donar. Sé generoso. Pero por lo menos como parte de tu entrega y/o parte de tu tiempo como voluntario, da a la autosuficiencia.

Nuestro sitio web, interweavesolutions.org, se dedica a ayudar a las personas a ser autosuficientes reclutando, capacitando y apoyando a los Embajadores de Éxito. Hay embajadores exitosos en todo el mundo que facilitan los grupos de MBS/Autosuficiencia. En estos grupos cientos de personas están desarrollando sus negocios, hogares y comunidades. Queremos que sean un millón de personas en los próximos siete años.

Peluquerías, artesanos, jardineros, comerciantes, fabricantes de ropa y más han mejorado sus fuentes de ingresos aprendiendo y enseñando las 6P de los Negocios. El mantenimiento de registros, los planes de promoción, las ideas para la marca y los planes de precios han sido implementados. Muchos se han enseñado el uno al otro. Sus grupos están ahora en curso en la comunidad.

Las metas personales se están fijando. La gente está dejando de beber, asistiendo a la iglesia y haciendo las paces con sus cónyuges. La gente está ahorrando dinero por primera vez y manteniendo presupuestos personales. Los grupos están ayudando a las personas a mejorar sus propios negocios, hogares y comunidades.

El servicio ha incluido desde la matanza de las serpientes y el cortar del pasto en Zimbabue a visitar las casas de la gente en Ecuador. Se pintan orfanatos, se limpian las calles y se cultivan y cosechan jardines, todo ello en un esfuerzo por resolver problemas locales sin implicación gubernamental o internacional.

DONAR PUEDE DAÑAR

Tú puedes ayudar específicamente a crear autosuficiencia de cuatro maneras en Interweave Solutions.

Un grupo de MBS estableciendo metas en Uganda

Primero, patrocina a un Embajador de Éxito. Los Embajadores de Éxito a menudo necesitan dinero para que sus grupos de MBS/Autosuficiencia comiencen, con necesidades tales como el transporte, la impresión o la creación de una entidad comercial legal. Con la certificación de Interweave junto con su donación, solo una vez, podríamos ayudar a cientos a ser autosuficientes al ayudar a los Embajadores de Éxito a comenzar en un país de su elección.

Segundo, patrocina una organización. A menudo recibimos solicitudes de organizaciones que se enteran de nosotros en los países en vías de desarrollo. Quieren empezar grupos, pero no pueden pagar los materiales y la formación. Tú podrías proporcionar los fondos para entrenar a Embajadores de Éxito en dicha organización.

Una vez fuimos contactados por una ONG en África que necesitaba ayuda con la autosuficiencia. Cientos de niñas habían sido secuestradas por ejércitos rebeldes en Uganda. Usadas como esclavas sexuales, estas chicas pasaron los próximos seis años en los campamentos rebeldes. La guerra ya ha terminado y estas mujeres jóvenes con sus hijos están siendo abandonadas y rechazadas en las carreteras de Uganda. La ONG quería ayudar con demandas inmediatas, pero necesitaba un plan a largo plazo para la generación de ingresos para estas familias. Las técnicas sencillas de pequeñas empresas, el apoyo grupal y el establecimiento de metas a través de grupos de autosuficiencia deben ser una parte importante de esa estrategia a largo plazo. Tú podrías proporcionar una ONG como esta con los suministros necesarios para iniciar grupos similares.

Tercero, proporciona una beca de autosuficiencia. Por muy poco dinero, una joven madre en Tampico, México o Kinshasa, Congo podría recibir un certificado de MBS. A través del programa de becas de Interweave, pueden solicitar la capacitación que ofrece un Embajador de Éxito local. Pagan algo, incluso una pequeña cantidad, para comprar sus libros, y luego le damos un pago de beca a su Embajador de Éxito para el curso.

El Embajador desarrolla grupos y gana algo de dinero, el participante compra sus libros y estudios, y la donación suya ayuda a alguien a ser más autosuficiente.

Una escuela en Choluteca, Honduras, una vez se puso en contacto con nuestro Embajador local de Éxito. Querían entrenar a sus 51 estudiantes de secundaria, pero no podían pagar los materiales. A través de una contribución a la beca, similar a lo que pedimos de ti, proporcionamos los materiales para que establecieran su propio grupo de MBS/Autosuficiencia. No te preocupes. ¡Les animamos a que prestaran servicio a su comunidad para que pudieran ganar esa beca!

Finalmente, conviértete en un Embajador de Éxito. Tú puedes recibir el certificado de MBS y convertirte en un Embajador de Éxito con entrenamiento y asesoría virtual de forma muy económica. No importa en qué país te encuentres, hay personas que necesitan mejorar su negocio, su hogar y su comunidad. Tú o alguien que conoces puede convertirse en un agente de cambio. Conviértete en un Embajador de Éxito.

Si te conviertes en un Embajador de Éxito, cambias la vida de las personas a medida que ayudas a los miembros del grupo de autosuficiencia de MBS a desarrollar e implementar sus propios planes de acción de negocios, hogar y comunidad.

Lee sobre esto en nuestro sitio web. Experimenta la autosuficiencia en interweavesolutions.org.

SE PUEDE HACER

Cuando donas con autosuficiencia en mente, darás de manera diferente. Harás preguntas sobre la autosuficiencia y fomentarás y crearás esperanza a medida que discutas activamente cómo la gente puede ganar lo que necesita. Es más difícil que simplemente dar, pero es más gratificante.

Donar puede dañar, pero cuando damos con la autosuficiencia en mente podemos cambiar vidas. Trabajemos juntos, donando con mayor efecto para ayudar a la gente a salir de la pobreza.

ACERCA DEL AUTOR

Dean H. Curtis es el Director de la mesa directiva y cofundador de Interweave Solutions, una organización sin fines de lucro que ha creado cientos de grupos de MBS/Autosuficiencia en todo el mundo.

Antes de crear Interweave Solutions, Dean fue un empresario exitoso que estableció y vendió un negocio con más de 500 empleados, fue un exprofesor asistente de comunicación y negocios en la Universidad de Nebraska en Kearney y enseñó en la escuela secundaria en la ciudad de Spanish Fork, en Utah, Estados Unidos.

Dean completó su doctorado en la Universidad de Nebraska, Lincoln (comenzando un negocio en vez de escribir una disertación) y tiene una maestría y una licenciatura de la Universidad de Brigham Young.

Dean y su esposa han servido a su iglesia con su familia en una misión de tres años en Tampico, México y como joven, Dean hizo una misión de dos años en la Argentina. Son los padres de nueve hijos.

Dean ha viajado por todo el mundo enseñando principios de autosuficiencia.